ları evde deneyin!

Dikkat!

ÇOK CİDDİ BİLİM DENEYLERİ içerir!

Uyarı: Etraf hayli dağılabilir. Önce bir yetişkine danışın!

ALİ'NİN MÜTHİŞ DENEYLERİ
BOL YUMURTALI DENEYLER!
JANE CLARKE

ÖZGÜN ADI
AL'S AWESOME SCIENCE EGG-SPERIMENTS

First published in Great Britain in 2017 by Five Quills

Sertifika No: 40077

ÇEVİREN
ANIL CEREN ALTUNKANAT

EDİTÖR
ELİF DİNÇER

1. BASIM: ŞUBAT 2019
Genel Yayın Numarası: 4414

ISBN 978-605-295-730-1

BASKI
ALFABE BASIN YAYIN SAN. TİC. LTD. ŞTİ.
İKİTELLİ OSGB MAH. HÜRRİYET BULVARI ENKOOP SANAYİ SİTESİ
ENKOOP 1.SOKAK NO:1 KAT:-1 BAŞAKŞEHİR/İSTANBUL
(0212) 485 21 25
Sertifika No: 34185

TÜRKİYE İŞ BANKASI KÜLTÜR YAYINLARI
İSTİKLAL CADDESİ, MEŞELİK SOKAK NO: 2/4 BEYOĞLU 34433 İSTANBUL
Tel. (0212) 252 39 91
Faks (0212) 252 39 95
www.iskultur.com.tr

JANE CLARKE

RESİMLEYEN: JAMES BROWN

ALİ'NİN MÜTHİŞ DENEYLERİ

Bol Yumurtalı Deneyler!

TÜRKİYE İŞ BANKASI
Kültür Yayınları

ÖNCE TANIŞALIM...

Bayan İyi
Bay İyi
Kıymetli
Bu arkadaşların da rolü var!

Bilim düşkünü oğlum Andrew'a - J. C.

Köpekleri çok seven Pam ve John'a - J. B.

İÇİNDEKİLER

1

Kabuğunu Kıran Plan

PAT KÜT! Ali'nin deneyi başlamıştı!

Yumuşak yeşil parçalar deponun tavanından aşağıya düşüyordu.

"Ezilmiş moleküller adına!" diye mırıldandı Ali.

Kutunun içinde başka marul kalmadığını fark etmemişti. Büyük büyükbabaları olan Bodur Dede'nin bastonunu daha da sıkı tuttu.

Marul kutusuna tüm gücüyle vurmaya başladı. Pek de geniş olmayan kutu ikinci darbeyle dümdüz oldu. "Hımm," dedi Ali düşünceli bir tavırla. Gözüne sıçrayan bir damla marul suyunu sildi.

PAT KÜT!
PAT KÜT!

Derin bir nefes aldı. Sonra bastonu tüm gücüyle boş bir tuvalet kâğıdı kolisine indirdi.

PAT KÜT!

PAT KÜT!

PAT KÜT!

Ardından boş süt kutusuna döndü. Bu, diğer kutulardan daha sert bir kartondan yapılmıştı. Ali ona birkaç kez vurdu, kısa süre sonra o da diğerleri gibi ezildi.

PAT KÜT!

PAT KÜT!

PAT KÜT!

PAT KÜT!

PAT KÜT!

Dükkânla depo arasındaki kapı gıcırdayarak açıldı.

Ali donakaldı. Ama kapıdan içeri dalan öfkeli bir yetişkin değil, kocaman tüy yumağı bir köpekti.

“Einstein!” diye bağırdı Ali, hızla kapıyı kapattı. “Seni annem sandım!”

Einstein şüpheyle yerdeki yeşil marul parçalarını kokladı.

Ali onu cesaretlendirdi. “Haydi, Einstein, yala!” Einstein uzun pembe diliyle vıcık vıcık bir parçayı ağzına attı... ve bir saniye geçmeden tükürdü.

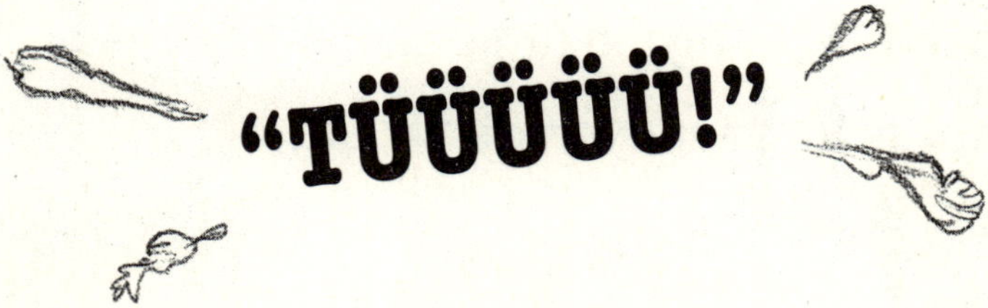

“TÜÜÜÜÜ!”

Einstein Ali'ye baktı ve kuyruğunu salladı. Ali de kulaklarının arkasını okşadı.

"Evet, marul iğrenç," diye ona hak verdi Ali. Bir yandan da bastonu arkasına saklamaya çalışıyordu. Einstein her tür sopaya çok düşkündü.

Ama çok geç! Einstein zıpladı, bastonu dişlerinin arasına aldı ve aceleyle açık duran arka kapıya ilerledi.

DANK!

Sopa eşikten geçmedi. Einstein geriledi. Kapıya uzun uzun, öfkeyle baktı. Ve sonra yeniden koştu.

Einstein bastonu düşürdü, gözlerine inanamıyormuş gibi kapıya baktı.

Ali kıkırdadı. Kapıdan geçebilmesi için sopayı yan tutmak gerektiğini bilmek için dâhi olmaya gerek yoktu. Ama Einstein bir dâhi değildi. Yani en azından köpek Einstein değildi. Her neyse. Ali depoyu gözden geçirdi. Acaba başka neye vurabilirdi? Yıllardır hiç kimsenin kullanmadığı bir sürü şey vardı. Mangal? Alet kutusu? Boya tenekeleri...

İkiz kız kardeşi Leyla bahçeden içeri daldı. Elinde büyük bir turşu kavanozu vardı. Kavanozun üstüne bir parça kumaş geçirilmiş ve lastik bantla tutturulmuştu.

"Bak, ne buldum!" dedi.

Leyla büyüyünce vahşi yaşam programı sunucusu olmak istiyordu. Her zaman bahçede bir şeyleri incelerdi. Börtü böceği gözlemlerdi. Örümcekleri incelerdi. Ali'nin dayanamadığı tek şey örümceklerdi.

Ali kavanozun içine göz attı. İrkildi. Minik bedeni ve sekiz upuzun bacağıyla bir örümcek, kavanozun içinde kıpır kıpır dolanıyordu.

"Örümcekler dinozorlardan daha uzun zamandır burada!" dedi Leyla. "Yakından bakarsan sekiz gözü olduğunu görebilirsin..."

Kavanozu Ali'nin suratına doğrulttu.

VINN! Esnek bant koptu ve kavanozun üstündeki kumaş düştü.

"AMANIN!" diye bağırdı Ali. Geri zıpladı. Bu sırada örümcek de bir ağın ucundan süzülerek yere iniyordu. Bedeni taklalar atıyordu.

Leyla güldü, "Seni korkak fare!" Örümceğin ezilmiş kutuların arasından sürünüşünü izlediler. Yeşil yapışkan damlaların etrafından dolaşıp marul yığınının üstünden geçti ve dükkân kapısının altındaki açıklıktan dışarı tüydü.

"Neden marulla deney yapıyorsun?" diye sordu Leyla.

"Yapmıyorum," dedi Ali. "Bir zaman makinesinin şekli nasıl olmalı, ona karar vermeye çalışıyorum. Zamanda geri dönüp Bodur Dede'yle tanışmak istiyorum." Ali ayrıca annesini alıp bu kadar yorgun ve mutsuz olmadığı bir zamana götürmek de istiyordu. Ama bu konuda tek kelime etmedi. Bu bir sırdı.

"Harika!" diye haykırdı Leyla. "Dinozorların zamanına geri dönebiliriz. Dinozor çağında futbol topu büyüklüğünde örümcekler varmış."

Ali bu resmi kafasından uzaklaştırmaya çalıştı. "Bir zaman makinesi çok dayanıklı olmalı," diye devam etti. "Bu konuda bir deney yapıyorum. Bu marul da yoluma çıkmıştı..."

Ali not defterini ve kalemini çıkardı. "Deneyimin sonucunu not etmeliyim. Bilim insanları bunu yapar." *Süt kutusu en sağlamı,* yazdı. Defteri cebine geri koydu.

Leyla yeşil çamuru yerden kazıyıp kavanozuna doldurmaya başladı. "Bu marulu kullanabilirim. Tırtıllar buna bayılacak."

ALİ'NİN KUTU DENEYİ

? Bir karton kutu düzleşmeden önce ne kadar darbeye dayanabilir? ?

Ali ne kullandı:

marul kutusu

süt kutusu

tuvalet kâğıdı kolisi

\+

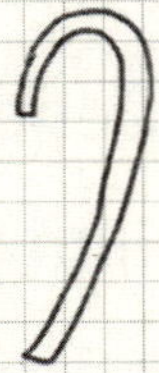

baston

Ali ne yaptı:

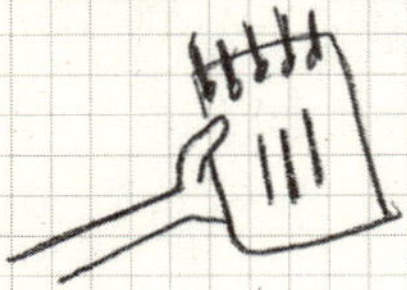

Ali her bir kutunun, düzleşmeden önce kaç baston darbesine dayanabildiğini saydı.

Sonuçlar:

DARBE SAYISI:

Marul kutusu: 2 pat küt

Tuvalet kâğıdı kolisi: 3 pat küt

Süt kutusu: 5 pat küt

Gözlemler:

1. Ali'nin kolu yorulmaya başlamıştı, bu yüzden son pat kütleri ilkler kadar şiddetli değildi. Ayrıca kutuların kimi zaman ortasına, kimi zaman köşelerine vurdu.

2. Her pat kütü aynı şiddet ve hızda yapmaya çalışın.

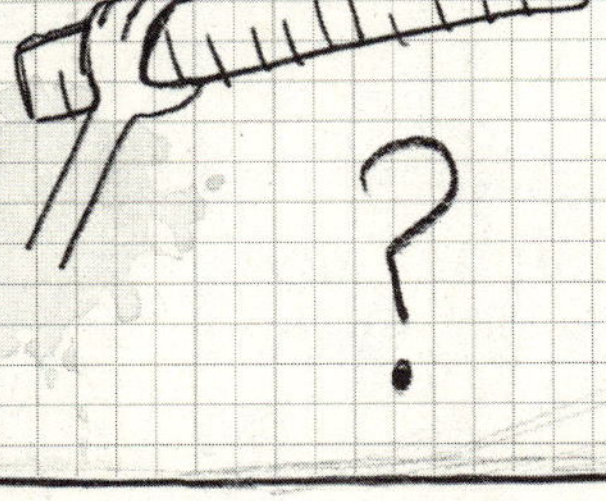

Kutuların boyutlarını ve kalınlığını ölçün.

3. Yolunuza bir marul çıkmasa iyi olur.

4. Ya da sopaları seven bir köpek.

UYARI! ÖNCE BİR YETİŞKİNE DANIŞIN!
Bol yeriniz olduğundan, kimsenin yanınızda ya da arkanızda durmadığından emin olun.
ETRAF HAYLİ DAĞILABİLİR...

Ali şortuna sıçrayan vıcık vıcık lahana parçalarını alıp Leyla'nın kavanozuna koydu. "Daha çok deney yapmam gerek," dedi. "Zaman ve mekân, zaman makinesine sadece tek bir noktadan değil, her yerden basınç uygulayacaktır. Henüz denemediğim bir sürü şekil var. Mesela boya kutuları..."

Leyla kızıl saçlarını gözlerinden çekti. "Doğada en güçlü şeylerden biri yumurtadır," dedi düşünceli bir sesle. "Yalnızca içerideki canlı dışarı çıkmak için kabuğu gagaladığında çatlar."

"Annemin mutfaktaki buzdolabına bir sürü yumurta koyduğunu gördüm..." dedi Ali. Çilli yüzünde kocaman bir sırıtış belirdi. "Yumurtalarla deney yapabiliriz!"

Leyla da aynı onun gibi sırıttı.

"BOL YUMURTALI DENEYLER!" diye heyecanla haykırdı ikizler, havaya zıplayıp beşlik çaktılar.

Einstein havlayarak etraflarında dönüyordu.

"Şu köpeği susturun!" diye bağırdı yan taraftan bir ses. "Kıymetli'yi huzursuz ediyor!"

Ali ve Leyla birbirlerine bakıp gözlerini devirdiler. Bu komşuları Bayan İyi'ydi. Cins kedisinin huzursuz olması yüzünden sürekli sorun yaşıyorlardı.

"ŞİŞŞT!" dedi Leyla Einstein'a. İkizler diz çöküp Einstein sakinleşip susana dek kulaklarının arkasını okşadılar.

"Haydi, bol yumurtalı deneylere başlamanın zamanı geldi!" dedi Ali.

2

Ali ve Leyla Harekete Geçiyorlar

Leyla buzdolabına göz attı.

"Burada dört kutu yumurta var," dedi Ali'ye. "Annem akşam yemeği için omlet yapacak herhalde."

"Bu kadar çok yumurtaya ihtiyacı olmaz," dedi Ali, dolaptan bir kutu aldı.

"Yumurtaları ziyan etmemiz hoşuna gitmeyecek," diye uyardı Leyla.

"Onları ziyan etmiyoruz ki," dedi Ali. "Onları bilim için kullanıyoruz!"

"O zaman görelim bakalım bir yumurta ne kadar güçlüymüş!" Ali eline bir yumurta aldı. Başını diğer tarafa çevirip gözlerini kapattı ve tüm gücüyle sıktı. Hiçbir şey olmadı. Ali gözlerini açıp yumurtayı inceledi. Yumurta tek parçaydı!

"Çelimsiz!" Leyla yumurtayı Ali'nin elinden aldı. Sıkarken o kadar güç harcadı ki yüzü morardı.

"Çelimsiz kimmiş, söyle bakalım şimdi?" Ali sırıtıyordu.

"Gerçekten çok güçlü!" Leyla nefes nefeseydi.

"Zaman makinem için uygun şekli

test ediyoruz," diye ona anımsattı Ali. "Çatlama noktasını kontrol etmemiz gerek. Bunu, annemin ağırlıklarını yumurtaların üstüne koyarak yapabiliriz."

"Tamam." Leyla yumurtayı sıkmayı bırakıp onu dikkatlice mutfak tezgâhına koydu. Yumurta yuvarlanıp yere çakıldı.

Göz açıp kapayana dek Einstein yumurtanın üzerine atılmıştı, şapır şapır dağılan yumurtayı yalıyor, kabuklarını dişlerinin arasında kıtırdatıyordu. Kuyruğunu sallayıp dudaklarını yaladı ve daha fazlasını umarak gözlerini yukarı kaldırdı.

Leyla endişeyle, "Çiğ yumurtanın köpekler için iyi olduğunu sanmıyorum," dedi.

"Einstein gayet iyi," diye rahatlattı onu Ali. "Üzerinde küçük aslan damgası olan yumurtaları cıvık yemek güvenli, hatırlamıyor musun?"

Eline başka bir yumurta aldı. "Şimdi, bunun da yuvarlanmasına nasıl engel olacağız?" Mutfakta göz gezdirdi.

"Bu işimizi görür." Ali bir dilim ekmek aldı ve yumurtayı yanlamasına üzerine koydu.

Leyla annesinin eski model terazide kullandığı ağırlıkların içinden 50 gramlık bir tanesini ona uzattı.

Ağırlık yumurtanın üstünde sallanıp duruyordu. Ali, "Poposunun üstünde dursaydı daha kolay olurdu," dedi.

Dükkânın kapısı açıldı ve Bayan Bodur içeri girdi.

Ali giriştikleri işi saklamayı umarak sırtını tezgâha verdi.

"Dükkân bu gün gerçekten çok yoğun," dedi annesi. Kendine bir bardak meyve suyu doldurdu.

"Bu iyi," dedi Ali.

"Öyle!" Annesi yorgun yorgun gülümsedi. "Hatta birlikte biraz zaman geçirebilelim diye bu öğleden sonra bana yardım edecek birini çağırdım."

Ali ve Leyla bir ağızdan "Harika!" dediler.

Dükkânın zili çaldı.

"Bir müşteri daha! Size afiyet olsun çocuklar..." Anneleri dükkânın içinde gözden kayboldu.

"Asıl Einstein'a afiyet olsun!" diye güldü Leyla. Bu sırada Ali beş dilim ekmeği üst üste koydu ve dirseğini ortalarına soktu. Yumurtayı, dik durması için açılan deliğe yerleştirdi. Sonra ağırlığı dikkatle yumurtanın poposu üstünde dengeledi ve bıraktı. Ağırlık kaydı.

PAT! Beş dilim ekmek ve çiğ yumurta pat diye yere yapıştı.

Einstein şimşek hızıyla yerdekileri yalayıp yutarken, Ali, "Ezilmiş moleküller adına!" diye mırıldandı.

Ali yine mutfağa bakındı. Üçüncü yumurtayı şeker kavanozuna koyarak, "Bu işe yarayacak," dedi. Ağırlığı da üstüne koydu. Yumurta gözden kayboluverdi.

"Çok fazla şeker var," dedi Leyla.

Ali bir kaşık kaptı ve şekeri mutfak tezgâhına boşaltmaya başladı. Yumurta şeker kavanozunun içinde oturur halde ortaya çıkınca kaşıklamayı bıraktı. Etrafında yeterince şeker olduğundan yumurta devrilmedi.

"Bu ağırlıklar şeker kavanozuna tam sığıyor." Leyla yumurtanın üstüne 100 gram koydu, sonra 200 gram ağırlık daha ekledi.

"Vay canına! Bu yumurta gerçekten güçlü! Bundan harika bir zaman makinesi olur!" dedi Ali ve kazayla 500 gram ağırlığı kavanoza düşürdü...

Yumurta dayanamadı.

"Şu 500 gramı düşürmeseydim daha fazla ağırlık taşıyabilirdi!"

Ali ağırlıkları ve kabuk parçalarını kavanozdan çıkardı, sonra ellerine yapışan şekerleri sıyırıp kavanozun içine, yumurta balçığının üstüne döktü.

"Eğer tek bir yumurta bu kadar güçlüyse acaba bir kutu yumurta ne kadar ağırlık taşıyabilir?" dedi heyecanla. Bir yandan da yapış yapış olmuş ellerini şortuna siliyordu.

"Öğrenmenin tek yolu var." Leyla altı yumurtalık bir kutu açtı ve yere koydu. Sonra bir tane daha alıp onun yanına yerleştirdi. Einstein kuyruğunu hevesle sallıyordu.

"Onlar sana değil," dedi Ali. Einstein içini çekti ve burnunu patilerinin arasına alıp yattı.

"Bakalım benim ağırlığımı taşıyacaklar mı?" Leyla sandaletlerini

çıkardı, dikkatli ve yavaş hareketlerle yumurtaların üstüne çıktı. "Taşıyorlar!!! Müthiş!" diye bağırdı Ali. Leyla yavaşça kırılmamış yumurtaların üstünden indi. "Daha fazla ağırlık koyalım. Neyi kullanabileceğimizi biliyorum!" Ali annesinin yemek kitaplarıyla dolu olan rafı işaret etti.

Ali'nin kitapları açık yumurta kutularının üstüne dizmesine yardım ederken, "Bunun iyi bir fikir olduğundan emin misin?" diye sordu Leyla. "Bilirsin, annem yemek kitaplarını çok sever."

"Elbette iyi bir fikir!" dedi Ali güvenle. "Benim ağırlığımı da taşıyacak. İzle beni!"

Kitapların üstüne zıpladı.

ÇATIIIRTTT!

Çiğ yumurta ve kabuk parçaları annelerinin yemek kitaplarına, yerlere ve Ali'nin bacaklarına sıçradı. Leyla burnunun ucuna gelen yumurta parçasını sildi.

"İğhhh!" diye bağırdı ikizler bir ağızdan.

"Annem fena kızacak," dedi Leyla. Dehşet içinde mutfağın haline bakıyorlardı.

"Öğrenmezse kızmaz," dedi Ali. Yüksek sesle "Einstein!" diye bağırdı.

"Hav hav!" Einstein ayaklarının üstüne fırladı ve yere dökülüp saçılanları yalamaya başladı.

UYARMASI BİZDEN:

Çiğ yumurta salmonella adı
verilen bakteriler içerebilir.
Salmonella çok hasta olmanıza yol açabilir.
Yumurtada bulunma riski çok, hem de çok azdır.
Ama işi sağlama almak için, Einstein'ın yaptığı
gibi ÇİĞ YUMURTA YEMEYİN!

Yumurtayı sarısı da beyazı da
katılaşana kadar haşlayın. Isı salmonella
bakterisini yok eder. Ayrıca sabun ve su da bu
bakteriyi öldürür. Bu yüzden çiğ yumurta bulaşan
her şeyi YIKAYIN – özellikle de ellerinizi.

BOL YUMURTALI AĞIRLIK DENEYİ

Bir kutu yumurta kırılmadan ne kadar ağırlık taşıyabilir?

Ali ne kullandı:

Kapakları açık, altılı 2 kutu yumurta

x 2

Annesinin yemek kitapları (başka kitaplar da olabilir)

Ali ve Leyla'nın ayakları

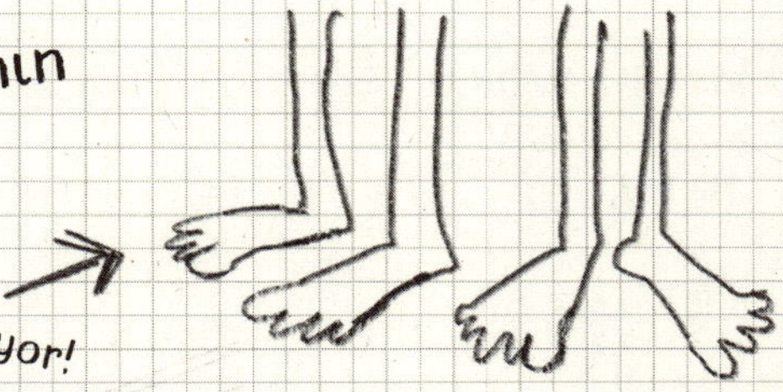

Kokuyor!

Ali ve Leyla ne yaptı:

Leyla ayakkabılarını çıkardı ve yavaşça her ayağını bir kutunun üstüne yerleştirdi.

Ali annesinin yemek kitaplarını (toplam on dokuz tane) yumurtaların üstüne yerleştirdi, sonra da kitapların üstüne zıpladı.

Sonuçlar:

Leyla üstlerine bastığında yumurtalar kırılmadı!

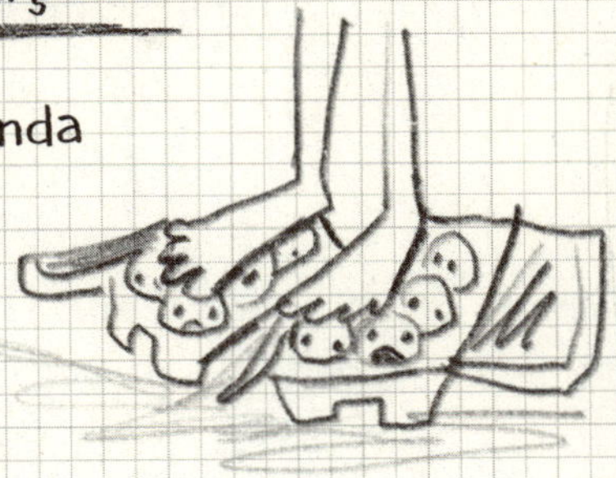

Ali kitapları üstlerine yığdığında yumurtalar kırılmadı!

Ali en tepeye zıpladığında yumurtalar KIRILDI!

Gözlemler:

1. Ağırlık yavaşça ve dikkatlice yerleştirildiğinde yumurtalar güçlüdür.

2. Üstlerine ani bir güç uygulandığında yumurtalar kırılır.

3. Kırılan yumurtalar yapış yapış olur. Yemek kitaplarına ve çıplak ayağa yapışır.

Yumurtanın kubbe şekli, ağırlığı ve basıncı tepeden tüm yapıya dağıtır. Kubbeler güçlüdür ve sık sık büyük binaların çatısı olarak kullanılır.

Evde deneyin! Ne keşfedeceksiniz?
UYARI! ÖNCE BİR YETİŞKİNE DANIŞIN!
Son kullanma tarihi geçmiş yumurtaları değerlendirin. Böylece ikizler gibi yemek ziyan etmiş olmazsınız. Ve bunu salon halısının üstünde denemeyin! ETRAF DAĞILABİLİR!

3

Rafadan Umutlar

Einstein'ın ılık dili çıplak bacaklarındaki yumurtaları höpürdeterek yalarken Ali kıpırdamamaya çalıştı. "Yumurtaları ani güçten korumanın bir yolu olmalı," dedi. Bir eliyle yemek kitaplarını tutmuş, yalaması için Einstein'a uzatıyordu.

Leyla yumurta kutularının ezilmiş, yapış yapış parçalarını yerden aldı. "Bu Einstein'ın çiğneme çubuklarına benziyor," dedi Leyla, elindekileri çöpe attı.

"Daha dayanıklı bir kutu, üstlerine atladığımda yumurtaları koruyabilirdi," dedi Ali düşünceli bir ifadeyle. Sanki kafasının içinde bir ampul yanmıştı. Bir sonraki bol yumurtalı deneyi için ne yapması gerektiğini şimdi anlamıştı. Yatak odasında, yerde duran yığından bir avuç lego almak için koşarak çıktı.

Geri döndüğünde Einstein sepetine girmiş, tüylü karnı davul gibi şiş, yatıyordu. Hafif hafif, tatlı tatlı horluyordu. Sanki tüm yerleri yalayıp yutmuş gibiydi. Vay be! Anneleri asla anlamayacaktı!

Leyla yere bağdaş kurmuştu, bir elinde yumurta, diğerinde bir rulo alüminyum folyo vardı.

"Bence yumuşak bir şeye sarmak sert bir kutudan daha iyi olur," dedi. Yumurtayı sardığı folyoyu sıkılaştırdı. Ruloyu bitirene dek yumurtayı sarmaya devam etti. "Devekuşu yumurtası kadar büyük oldu," dedi gülerek.

YUMURTA DEYİP GEÇMEYİN:

Yumurtalar dişi kuşlar, sürüngenler, iki yaşamlılar, balıklar ve birkaç memeli türü tarafından yumurtlanır. Bu memeliler arasında ornitorenk de vardır. Tüm canlılar içinde yumurtası en büyük olan devekuşudur. Ama dünyanın en büyük yumurtası Madagaskar'da, nesli tükenmiş olan fil kuşuna aitti. Fil kuşunun yumurtaları dinozor yumurtalarından bile büyüktü!

İngiltere'nin Essex kentinden Tavuk Harriet, 2010 yılında dünyanın en büyük tavuk yumurtasını yumurtladı. Yumurtanın çapı 23 cm'yi aşıyordu.

Leyla başka bir yumurtayı streç filmle sarmaya başlamıştı.

Ali kutudan bir yumurta aldı ve kardeşinin yanına oturdu. "Benim yumurtalarım seninkilerden daha iyi olacak!" dedi Leyla'ya. Parlak renkli plastik lego tuğlaları birleştirip yumurtanın etrafında bir kutu yaptı.

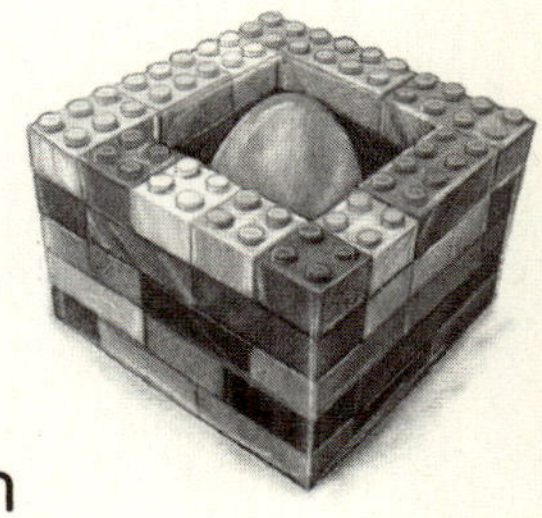

"Yumurta yarışması!" diye meydan okudu Leyla. "Her birimize üç yumurta. Odamda balonlu naylon ve bant olacaktı." Ayağa fırladı ve elinde yumurtayla odasına koştu.

"Varım!" Ali'nin gözüne ekmekten kalanlar çarptı. Dilimlerin ortasında yumurta şeklinde bir alan açtı, yumurtayı buraya koyup dilimleri dikkatlice üstüne koydu. Ekmek poşetini kıskaçla tekrar bağladı ama gözüne pek dayanıklı gelmedi. O da ekmeği bir

poşete daha koyup içeride bolca hava bırakarak ağzını bağladı.

Geriye kaldı bir yumurta... Ali mutfak dolaplarını açtı. Pirinç! Yeni bir pirinç paketi açtı, yumurtayı içine attı ve paketi ilkyardım kutusundan aldığı yara bandıyla kapattı.

Kutuda bir sürü ilkyardım malzemesi vardı, bunu gören Ali bir yumurtanın her yerine yara bandı yapıştırdı. Başka birini ise pamuk ve sargı beziyle kundakladı. Yumurtaları sarıp sarmalarken aklına bir çocuk şarkısı düştü.

“Yumurta Kafa çıkmış duvara, oturamamış düşmüş aşağıya. Koşmuş hemen herkes yardım etmiş ama, akıllanmamış Yumurta Kafa!” diye mırıldandı.

“Bir Mısır mumyası gibi sarmalanmış olsa acaba Yumurta Kafa kırılır mıydı?” diye sesli düşündü.

Leyla neşeyle yanında belirip, “İçini çıkarıp Mısırlıların o zamanlar yaptığı gibi talaşla ya da bitki gibi şeylerle doldursalardı belki de kırılmazdı,” dedi.

“Bunu denemeye zamanımız yok!” dedi Ali üzüntüyle. “Al, bunu sana yaptım.” Fazladan yaptığı ilkyardım yumurtalarından birini kız kardeşine uzattı.

"Teşekkür ederim!"

İkizler paketledikleri yumurtalarını mutfak tezgâhına yan yana koydular.

"Nasıl test edelim?" diye sordu Ali.

Leyla, "Onlara tekme atalım," diye önerdi.

"Senin tekmelerin benimkilerden sert," diye yakındı Ali. "Hem yalnızca birimiz tekmelese bile her tekmenin aynı şiddette olup olmadığını bilemeyiz."

"Bir düşüneyim..." Leyla sessizleşti.

Ali'nin aklına yine o şarkı geldi. Ne yaptığının pek de farkında olmadan,

“Yumurta Kafa çıkmış duvara,” diye mırıldandı.

“Oturamamış düşmüş aşağıya!” diye ona katıldı Leyla.

İkizler birbirlerine baktılar.

“Oturamamış düşmüş aşağıya!” diye tekrarladılar bir ağızdan.

"Yumurtaları tezgâhtan aşağıya itebiliriz," dedi Leyla. "Böylece yükseklik aynı olur."

"Ama bu da kusursuz bir düşüş değil," dedi kendi kendine Ali. "Haydi, yumurtaları üst kata çıkaralım. Pencerelerin birinden ellerimizi uzatıp yumurtaları aşağıya bırakırsak yükseklik de güç de aynı olur."

"Annem pencerelerden sarkmamamızı söyledi!" dedi Leyla. "Ne yaptığımızı anlarsa yaşayacağımız soruna değer mi sence? Zaman makinesini geçmişe dönüp Bodur Dede'yle tanışmak için yapmıyorsun aslında, değil mi?"

Ali derin bir nefes aldı. "Onunla tanışmak isterdim. Ama zaman makinesini aslında annem için yapıyorum," diye fısıldadı. "Onu babamın yaşadığı zamana geri götürmek için."

"Bu tam üç yıl önceydi. Eğer annemle geriye gidersek beş yaşına döneceğiz!" dedi Leyla.

"Önemli olan annemin tekrar mutlu olması!" dedi Ali.

"Bu çok önemli," diye ona katıldı Leyla.

"Sır, tamam mı?" diye sordu Ali.

"Sır," dedi Leyla, serçe parmağını onunkine geçirdi.

Ali yumurtalarını toparladı. "İyi ailesinin evine bakan arka taraftaki yatak odasının penceresi işimizi görür. Yumurtaları oradan atarsak bizim bahçeye düşerler, kimse de bir şey fark etmez!" dedi kendinden emin.

4

Planlar Omlet Oldu

Arka taraftaki küçük yatak odası aileye Bodur Dede'den kalan bir sürü harika eşyayla tıkış tıkış doluydu. Ali eski, tozlu bilim kitaplarıyla dolu bir bavulun yanından döndü, özenle etiketlenmiş kutu yığınının arasından güç bela geçip, açık pencerenin önünde duran eski, büyük teleskopun etrafından dolaştı.

"Önce ne olacağını görmek için sıradan bir yumurtayı aşağıya atacağım," dedi Ali. Kaşınan burnunu ovuşturdu.

Leyla kaşlarını kaldırdı. "Hiç yerçekimi diye bir şey duymadın mı?" diye dalga geçti.

"Paketlemenin nasıl bir farklılık yarattığını görmek için diğer yumurtalarla karşılaştırmalıyız," diye açıkladı Ali.

UYARMASI BİZDEN: YERÇEKİMİ

Yerçekimi her şeyi Dünya'ya çeken güçtür. Pencerelerden SARKMAYIN! Yerçekimi düşmenize neden olur. PAT!

YERÇEKİMİ DEYİP GEÇMEYİN

Yerçekimi gerçekten çok faydalıdır. O olmasaydı Dünya üstündeki herkes ve her şey, bağlanmadığı sürece uzaya uçardı. Bu belki bir süre için eğlenceli olurdu ama büyük olasılıkla sıkıntı yaratırdı.

Ali çok fazla sarkmamaya dikkat ederek kolunu pencereden uzattı. Tam da o sırada Bayan İyi limonluğunun kapısını açtı. Ali o kadar şaşırmıştı ki yumurta elinden düşüverdi.

Leyla soluk soluğa, "Ah, hayır!" dedi.

Yumurta evin köşesindeki oluğa çarpıp dağıldı ve **ŞLAP** diye bahçenin Bodur ailesine ait kısmına düştü.

Ali, "Vay be, iyi ki yan tarafa düşmedi," dedi nefesini bırakarak.

Ama dağılan yumurtanın birkaç parçası İyi ailesinin limonluğunun cam çatısına düşmüştü.

"Kış kış, sizi gidi iğrenç güvercinler!" diye bağırdı Bayan İyi. Kafasını kaldırınca ikizler hemen pencerenin altına çömeldiler.

Bay İyi'nin nazik sesini duydular, "Sorun ne canım?"

"Şu pis güvercinler sevgilim!" Bayan İyi yüksek sesle içini çekti. "Limonluğun üstünü pislik içinde bırakıyorlar. Hasan, gerçekten bu konuda bir şey yapmalısın. Ve şu sümüklüböcekler. Hostalarıma neler yaptıklarına bir baksana. Tüm yaprakları yiyip bitirmişler!"

"Hosta nedir?" diye fısıldadı Ali.

"Yeşil çizgili yaprakları olan bir bitki," dedi Leyla, o da fısıldıyordu.

"Sümüklüböcekler için leziz bir yemek."

"Her şeyi temiz ve güzel tutmak o kadar zor ki. İnsan umutsuzluğa kapılıyor!" Bayan İyi yine içini çekti. "Kıymetli nerede? Pis bir güvercinin gelip de muhteşem kürküne pislemesini istemiyorum. Kıymetli! Kıymetli! Anneciğine gel bebeğim benim!" diye

tiz bir sesle, şarkı söyler gibi bağırmaya başladı.

"Kediyi kendi haline bırak Meral," dedi Bay İyi. "İçeri gel canım. Sana bir fincan çay yapayım da sinirlerin gevşesin."

Limonluğun kapısı kapanırken tık diye bir ses duyuldu.

Ali pencerenin kenarından baktı.

"Tamam. İçeri girdi. Aman, dikkat edelim de bir daha oluğa bir şey çarpmasın."

Bir eline plastik tuğlaların içindeki yumurtayı, diğerine de pirinçli yumurtayı aldı.

Leyla alüminyum folyoya ve balonlu naylona sarılmış yumurtalarını aldı.

Ellerini uzattılar.

"Hedef tamam mı?" diye sordu Ali. Leyla başını salladı.

"On-dokuz-sekiz-yedi-altı-beş-dört-üç-iki."

"BİR!"

HAPŞUUU!

Ali tam yumurtaları bıraktıkları an hapşırdı.

Yumurtalar birbirine çarptı.

"Ezilmiş moleküller adına!" diye bağırdı Ali. O ve Leyla, İyi ailesinin limonluğunun üstüne inen plastik tuğla ve pirinçli yumurta yağmuruna bakakaldılar.

Bayan İyi dışarı fırladı. "Neler oluyor burada...?" diye söze başladı.

Boynuna pirinç ve yumurta düştü.

"AYYYYY!" diye çığlık attı Bayan İyi.

Alüminyum folyo ve balonlu naylon içindeki yumurtalar kafasına düştü.

TAK!
PAT!

"AYYY! AYYYY!" diye feryat etti Bayan İyi. Burnundan ve gri kısa saçlarından yumurta damlıyordu.

Ali ve Leyla görünmemek için aceleyle çömelirken kafaları birbirine tosladı.

"AHHHH!" diye bağırdılar.

"Siz!" diye haykırdı Bayan İyi. "Siz olduğunuzu tahmin etmeliydim. **HEMEN ŞİMDİ** annenizi görmeye gidiyorum!"

"Ay, of!" Ali ve Leyla birbirlerine baktı.

"Çabuk, fırsatımız varken deneyi bitirelim!" dedi Ali. Ekmekli yumurtayı, streç filme sarılı olanı ve yara bantlı yumurtayı pencereden aşağıya attı.

Yumurtaların yan bahçeye düşüşünü izlerken, "Yumurtaları dikkatlice atmak da buraya kadarmış," diye sızlandı Leyla.

5

Yumurta Patlaması!

"Ali! Leyla! Hemen aşağıya inin!"

Bayan Bodur'un sesi mutfaktan geliyordu.

Yavaşça merdivenlerden inerken, "Umarım Bayan İyi çok fazla kızmamıştır," dedi Leyla.

Bayan İyi, elleri belinde, mutfağın ortasında duruyordu. Her tarafından yumurta damlıyordu ve hiddetten tir tir

titriyordu. Sarsılınca saçından, yeşil tüvit ceketinden ve eteğinden pirinç taneleri savrulup mutfak zeminine saçıldı.

Einstein bir gözünü açtı ve pirinçleri yalayıp yutmak için koştu.

Bayan İyi dişlerini gıcırdattı.

"Buyurun, oturun Bayan İyi. Size bir fincan çay hazırlayayım," dedi anneleri. Isıtıcıyı doldurmak için lavaboya yöneldi.

Bayan İyi bir mutfak sandalyesine çöktü.

"Şimdi, neden bize sorunun ne olduğunu anlatmıyorsunuz?" dedi ikizlerin annesi.

Bayan İyi tükürükler saçarak, "Şu... şu..." dedi. Doğru kelimeleri bulmakta zorlanıyor gibiydi. "Onlar... Ben... **ŞU HALİME BAKSANIZA!**"

Anneleri ikizlere sert bir bakış attı. "Siz ikiniz ne işler çeviriyordunuz?" diye sordu.

Ali, Leyla'ya bir uyarı bakışı atıp yüzüne 'üzgünüm kazayla oldu' ifadesi verdi. "Deney yapıyordum," diye itiraf etti.

"Ben de ona yardım ediyordum," diye ekledi Leyla.

Anneleri içini çekti. Özür diler gibi, "Bunu hep yapıyorlar," dedi Bayan İyi'ye. "Bilimi çok seviyorlar! Bodur Dede'ye çekmişler." Ali ve Leyla'ya dönüp hüzünle gülümsedi. "Babaları onlarla gurur duyardı."

Bayan İyi ağzını açıp kapadı ama yalnızca boğuk bir ciyaklama duyuldu.

Leyla boynunu büktü. "Ali'nin deneyi biraz etrafı pisletti. Gerçekten özür dileriz. Sizi kızdırmak istememiştik Bayan İyi."

"Gerçekten çok özür dileriz," dedi Ali de.

Bayan İyi tükürür gibi bir ses çıkardı, belki de boğazını temizliyordu.

"Sadece ben değil," dedi kızgınlıkla. "Ben sinirlenince Kıymetli de sinirleniyor. Kediler çok hassastır."

Kedi kelimesi geçince Einstein'ın kulakları dikildi.

"Başta şu güvercinler sandım!" dedi Bayan İyi ürpererek. "Ama sizdiniz. Her tarafımı pislettiniz, bahçemin her yerini de pislettiniz!"

"Ali, Leyla, ikiniz de beni çok hayal kırıklığına uğrattınız." Demliği doldururken anneleri içini çekti. "Ben dükkânda meşgulken akıllı uslu davranacağınıza güveniyorum, biliyorsunuz. Bilim insanlarının dikkatli olduğunu, bu kadar pislik çıkarmadığını düşünürdüm!"

"Hepsi değil!" diye atıldı Ali. "Eğer sürekli her şeyi temizleseydi, Alexander Fleming asla penisilini keşfedemezdi!"

Annesi kaşlarını kaldırdı.

PENİSİLİN DEYİP GEÇMEYİN

1928'de, Alexander Fleming tatilden döndü ve laboratuvarında yığılı bıraktığı kirli bulaşıklardaki bakterileri öldüren mavikūfü buldu. Kazayla ilk antibiyotik olan penisilini keşfetmişti!

Bugün antibiyotikler enfeksiyon ve hastalıklara neden olan bakterileri yok etmek için kullanılıyor. Antibiyotiklerden önce küçücük bir kesik bile, enfeksiyon kapması halinde ölüme yol açabiliyordu. O yüzden geçmişe yolculuk ederseniz çok dikkatli olun!

Leyla annesine sarıldı. "Özür dileriz. Sorun çıkarmak istememiştik," dedi. "Pisliği biz temizleriz."

"Ve daha fazla pislik çıkarmamaya çalışırız!" dedi Ali. Ama ne olur ne olmaz diye çaktırmadan tek ayağını kaldırdı.

"O halde sorun çözüldü." Anneleri Bayan İyi'ye çay koydu.

Leyla, "Süt ister misiniz?" diye sordu kibarca.

"Evet, lütfen," dedi Bayan İyi. Ali rahat bir nefes aldı. En kötüsünü atlatmışlardı. Özür dilemişler, anneleri özürlerini kabul etmişti. Bayan İyi de besbelli nazik davranmaya çalışıyordu.

“Şeker alır mısınız?” Anneleri Bayan İyi’ye bir çay kaşığı uzattı, şeker kavanozunu masaya, önüne koydu.

“Teşekkür ederim,” dedi Bayan İyi. “Alırım.”

Bayan İyi yumurtalı şekeri çayına katarken Ali ve Leyla dehşet içinde bakıştılar. Bayan İyi çayını karıştırıp bir yudum aldı.

Bir an için sanki zaman durdu.

“Ög... ög... **ÖGHHHH!**” Bayan İyi öğürdü.

Tüm oda sessizleşti. Einstein Bayan İyi’nin etrafında dolandı ve anlayışlı bir şekilde burnunu kucağına koydu. Boynunu uzattı ve çenesini açtı.

"GAG, GAG, GAG," diye ona katıldı.

Bayan İyi ağız dolusu çayı tükürdü. Tam o anda Einstein de Bayan İyi'nin parlak ayakkabılarının her yerine kusuverdi.

Ali Leyla'ya baktı. "İşte, şimdi zaman makinesi çok işimize yarardı!" diye mırıldandı. Einstein kuyruğunu salladı ve Bayan İyi'nin ayakkabılarına bulaşan yumurtalı kusmuğu yalamaya başladı.

6

Yumurtalar Fırarda

Bayan İyi boğuk bir çığlıkla ayağa fırladı! Mutfak zemininde yumurta kusmuğu izleri bırakarak kapıya koştu.

Ali ve Leyla annelerine baktılar. Omuzları titriyordu. Ali bir an için onun ağladığını düşündü ama endişelenmeye gerek yoktu. Anneleri kahkahalarını bastırmaya çalışıyordu! Bugünlerde neredeyse hiç gülmüyordu. İkizler

birbirlerine bakıp sırıttılar. Belki de onu mutlu etmek için zaman makinesine gerek yoktur, diye düşündü Ali.

Anneleri tek kelime etmeden Einstein'a sepetini, ikizlere de paspası ve anti bakteriyel spreyi işaret etti. Einstein içini çekerek sepetine kıvrıldı ve uykuya daldı.

Tüm pisliği paspasla silip temizlerken Ali, "Sadece çok fazla yedi," diyerek Leyla'yı yatıştırdı. "Biraz uyuyunca bir şeyi kalmaz."

Anneleri her yeri kontrol etti. Mutfak tertemiz olmuştu.

"Bu kadarı yeterli," dedi. "Şimdi gidip komşunun bahçesini temizleyin, ben de o sırada akşam yemeğini hazırlayayım. Bu akşam patates ve biberli özel bir omlet yiyeceğiz. İspanyol omleti." Buzdolabının kapağını açtı.

"Bütün yumurtalar nereye gitti?!" diye bağırdı anneleri.

"Hımm, bazıları dışarıda," diye itiraf etti Ali.

"Ne... ne..." diye lafa başladı anneleri.

"Onları bulup getireceğiz!" dedi Leyla, kapıya koştular. Aceleyle gidip komşunun kapısını çaldılar.

Kapıyı Bay İyi açtı.

"Bahçenizdeki pisliği temizlemeye geldik," dedi Leyla.

"Harika," dedi Bay İyi. "Sizi arka kapıdan çıkarayım. Çok gürültü yapmamaya çalışın. Meral üst katta. Biraz başının ağrıdığını söyledi."

"Çok sessiz olacağız, gerçekten," diye söz verdi Ali.

Bayan İyi'nin sümüklüböceklere yem olmuş hostalarının arasında Leyla'nın alüminyum folyo, streç film ve balonlu naylona sarılı yumurtalarını buldular. Ali plastik tuğlalarını toplarken Leyla dikkatle yumurta paketlerini açtı.

"Bu yumurtalar kırılmamış!" dedi Ali'ye.

"Ekmeğin içine koyup iki kere sardığım yumurtam da sağlam!"

dedi Ali şaşkınlıkla. "Zaman makinesi kapsülü için yumurta kesinlikle doğru şekil!"

"Yine de yarışmayı ben kazandım!" diye hatırlattı Leyla.

"Bu seferlik!" Ali iki ilkyardım yumurtasını bulmak için hostaları eşeledi. Yara bantlarını çıkardı. Yumurta kırılmıştı ama pamuk ve sargı bezlerine sardığı yumurtada yalnızca ufak bir çatlak vardı.

Sağlam dört yumurtayı ve çatlamış olanı dikkatlice eve götürdüler.

ALİ VE LEYLA'NIN YUMURTA ATMA DENEYİ

Yumurtanın düşünce kırılmasını engelleyecek en iyi malzeme nedir?

Ali ne kullandı:

- 5 yumurta
- Plastik lego tuğla
- Ekmek
- Bir paket pirinç
- Yara bandı

Fazladan malzeme:
Şeffaf bant

Leyla ne kullandı:

- 4 yumurta
- Alüminyum folyo
- Streç film
- Balonlu naylon
- Pamuk ve sargı bezi

İşte, işin eğlenceli kısmı!

Ali ne yaptı:

Bir yumurtayı hiçbir şeye sarmadı. O ve Leyla diğer dört yumurtayı farklı malzemelerle sardılar, sonra yumurtaların her birini pencereden attılar.

Sonuçlar:

Kırılan yumurtalar: hiçbir şeye sarılmamış yumurta, pirinç içindeki yumurta, plastik tuğlaların içindeki yumurta ve yara bantlı yumurta.

Çatlayan yumurta: pamuk ve sargı bezine sarılı yumurta.

Sağlam kalan yumurtalar: alüminyum folyoya, streç filme, balonlu naylona sarılı yumurtalar ve ekmeğin içindeki yumurta.

Gözlemler:

1. Yumurtalarınızın aşağıda bir şeye zarar vermemesi çok önemli. Aşağıda ne var ne yok, önceden kontrol edin!

2. Etkiyi azaltan ya da (paraşüt gibi) düşüşü yavaşlatan bir şey olmadığı sürece, yumurta yere çarpınca (darbe) kırılır.

Kafanız da yumurta şeklinde. O yüzden bisiklete binerken kask takın. Olur da düşerseniz darbenin azalmasına yardımcı olacaktır!

Bunu evde deneyin! Ne keşfedeceksiniz?
UYARI: GÜVENLİĞE DİKKAT EDİN!
DENEY BOYUNCA YANINIZDA BİR YETİŞKİN OLSUN!
Bu deneyi alçak bir tabure üzerinden de yapabilirsiniz.
ETRAF HAYLİ DAĞILABİLİR!

"Bunları bulduk anneciğim!" Leyla yumurtaları uzattı. Bu sırada Ali ekmekten kalanları gizlice ekmek kutusuna geri koydu. Ziyan olsun istemiyordu.

"Bayan İyi'nin bahçesinde mi buldunuz? Orada ne işleri vardı ki?" diye sordu şüphelenen anneleri.

"Daha sonra açıklarız," dedi Ali. "Temizliğe devam ediyoruz. Omlet için yeterince yumurta var artık, değil mi?"

İkizler İyi ailesinin evine dönerken anneleri tek kelime etmeden başını salladı.

Kaşıkla pirinç ve yumurta kabuklarını toplarken, Leyla, "Bir fikrim var," dedi. "Sümüklüböcekler sert, çıkıntılı yüzeylerde sürünmeyi sevmez. Bunların hepsini hostaların etrafına koyabiliriz."

"Bayan İyi çok mutlu olur," diye ona katıldı Ali. "Hatta belki bundan sonra bizi sever!"

Anneleri mutfak kapısında, dönmelerini bekliyordu. Pek mutlu görünmüyordu.

"Umarım yemek kitabımın bütün sayfalarının neden birbirine yapıştığını bana açıklayabilirsiniz," diye

homurdandı. "Ve alüminyum folyonun neden bittiğini de..."

"Imm... Şey, bunun deneyimle ilgisi olabilir..." diye söze başladı Ali.

Aniden kanat sesleri duyuldu; bir güvercin sürüsü yan bahçeye iniyordu.

Einstein havlayarak mutfaktan dışarı koştu.

"Güvercinler pirincin peşinde olmalı!" diyerek Leyla da Einstein'ın arkasından koştu. Ali de hemen ardından fırladı.

"Ah, hayır!" dedi Ali nefesi kesilerek. Kapıyı kapatmayı unutmuştu. Einstein komşunun bahçesine dalmıştı bile. Kıymetli'yi görürse sorun çıkabilirdi!

Bayan iyi kollarını sallayarak zıplayıp duruyordu. "Defolun, sizi pis güvercinler!" diye haykırdı.

HAV HAV HAV! diye havladı Einstein.

Güvercinler havalandı.

Bay İyi ayağında terlikleri, elinde gazeteyle dışarı çıktı. "Uykucu Mahallesi'nin emekliler için huzurlu, güzel bir yer olduğunu sanırdım," dedi. Havlamayı bastırıp duyulabilmesi için sesini yükseltti.

"İNSANIN BURADA BİR PARÇA HUZUR VE SESSİZLİK BULABİLMEK İÇİN NE YAPMASI GEREKİYOR?"

"Hasan! Hostalarıma bak!" Bayan İyi bitkilerinin yanına diz çöktü. "Sanki üstlerinden fil sürüsü geçmiş gibi."

Bay İyi eğilip yerden bir avuç pirinç aldı.

"Bu nereden geldi?" diye sordu. "Bana sorarsanız güzelim pirinç ziyan olmuş!"

Herkes sessizleşti. Einstein bile.

"Ziyan olmadı," diye söze başladı Leyla. "Güvercinler pirinci çok sever. Onlar için çok sağlıklı!"

"SİZ!" Bayan İyi ayağa fırladı ve titreyen parmağını ikizlere doğrulttu.

Ali ve Leyla birbirine baktılar.

"İşte, şimdi zaman makinesi çok işimize yarardı," diye mırıldandı Ali.

Leyla başını sallayarak onayladı. **"KOŞ!"** diye bağırdı ve eve kaçmak için arkasını döndü. Ama...

Aniden bir tüy yumağı Ali'nin bacaklarının arasından geçip kapıya koştu ve Bodur ailesinin bahçesine girdi. Einstein heyecanla havladı ve kulaklarını sallayarak onun peşinden koştu.

"Korkma bebeğim! Anneciğin seni kurtaracak!" diye seslendi, kedisinin peşine düşen Bayan İyi.

"EINSTEIN, DUR!" diye bağırdı Leyla.

Kıymetli, Bodur ailesinin bahçesinin arka duvarını saran sarmaşığa tırmandı. Patisini yaladı ve sanki hiçbir şey olmamış gibi özenle kulaklarını temizlemeye başladı.

Ali, Leyla, İyi ailesi ve Einstein Kıymetli'nin ip cambazı gibi duvar üstünde zarafetle yürüyüşünü ve İyi ailesinin bahçesine dönüşünü izledi. Ağızları açık kalmıştı.

"Anneciğin geliyor, Kıymetlim!"

Bayan İyi ikizleri dirsekleriyle iterek yolu açtı, Bay İyi de peşinden gitti.

Bayan İyi tehditkâr bir sesle, **"SİZİNLE İŞİM HENÜZ BİTMEDİ!"** dedi.

Ali hemencecik kapıyı arkalarından kapattı.

Mutfağı cızırdayan soğan, biber ve yumurtanın kokusu sarmıştı. Anneleri radyoda çalan bir aşk şarkısına eşlik ediyordu. Ali rahatlayarak soluğunu

bıraktı. Anneleri dışarıdaki şamatayı fark etmemişti.

"Bu şarkı eski güzel anıları hatırlatıyor," diye iç geçirdi. "Yukarı çıkıp ellerinizi yıkayın," dedi ikizlere. "İspanyol omleti neredeyse hazır. Yanına biraz da ekmek kızartacağım. Hatta belki biraz salata..."

Ali ve Leyla üst kata koştular, Einstein da arkalarında zıplıyordu.

"Bugün yumurtaya doydum," dedi Ali. "Sanırım sadece kızarmış ekmek yiyeceğim."

"Ben de," dedi Leyla.

Mutfaktan boğuk bir ciyaklama geldi.

"NE TÜR BİR DENEY YAPIYORDUNUZ SİZ?" diye

haykırdı anneleri. **"EKMEK PARAMPARÇA. PEKİ, MARUL NEREDE???!!!!"**

Kapının zili çaldı. Ali ve Leyla gelenin kim olduğunu görmek için merdivenlerin tepesinde durdular.

"Size nasıl yardımcı olabilirim, Meral Hanım?" diye sordu anneleri.

"Ezilmiş moleküller adına! Bu işin içinden nasıl çıkacağız?" diye fısıldadı Ali Leyla'ya.

"ALİ! LEYLA! HEMEN AŞAĞIYA İNİN!" diye bağırdı anneleri.

İkizler banyoya kaçtılar.

Einstein Ali'nin bacaklarının arkasına saklanmaya çalışıyordu.

Ali içini çekti. "Keşke şu zaman makinesini icat etmiş olsaydım!"

"Keşke!" diye ona katıldı Leyla. "Vazgeçmiyorsun, değil mi?"

"Vazgeçmek mi?" Ali doğruldu ve aynada kendine baktı. Saçı başı

darmadağındı, gözlerinde bir parıltı vardı.

"Ben, Ali Bodur, ben bir bilim insanıyım!" dedi. Belki de görünüşünü tamamlamak için gözlük takmalıydı.

"Bilim insanları **ASLA** vazgeçmez!" dedi Ali. O, Leyla ve Einstein, anneleri ve Bayan İyi'yle yüzleşmek için gönülsüzce aşağıya inerken cebindeki deftere vurdu.

"Deney yapmaya devam etmek **ZORUNDAYIM!**"

DAHA DA BOL YUMURTALI DENEYLER

Yumurtanın NASIL düştüğü sonucu değiştirir mi?

1. Yumurtanın düşüşünü yavaşlatmak için paraşüt kullanmayı deneyin.

Yumurtayı bir kutuya koyup etrafını balonlu naylon, pamuk ya da buruşturulmuş gazete gibi yumuşak bir malzemeyle doldurun. Plastik bir alışveriş poşetinin saplarını kutunun kenarlarına bantlayın.

Kutu düşerken alışveriş poşetinin yukarı bakmasına dikkat edin. Böylece yere inerken içi hava ile dolabilir. Bu da yumurtanın düşüşünü yavaşlatır.

Ne oluyor? Bunu daha önceki deneyle karşılaştırabilir misiniz?

UYARI. PENCEREDEN AŞAĞI SARKMAK ÇOK TEHLİKELİDİR!

İPUCU: Yumurtayı önce küçük bir plastik poşete koyup ağzını sıkıca bağlarsanız, deneyin ardından, çatlasa bile yumurtayı pişirmesi için bir yetişkine verebilirsiniz. Böylece yemek ziyan etmezsiniz.

2 yumurtanın düşeceği zemini yumuşatmaya çalışın.

Zemin, taş ya da benzeri sert yüzeyler yerine çimen olursa daha fazla yumurta hayatta kalmayı başaracaktır.

Yumurtanızı içi balonlu ambalaj naylonuyla dolu bir kutunun içine düşürmeye çalışın.

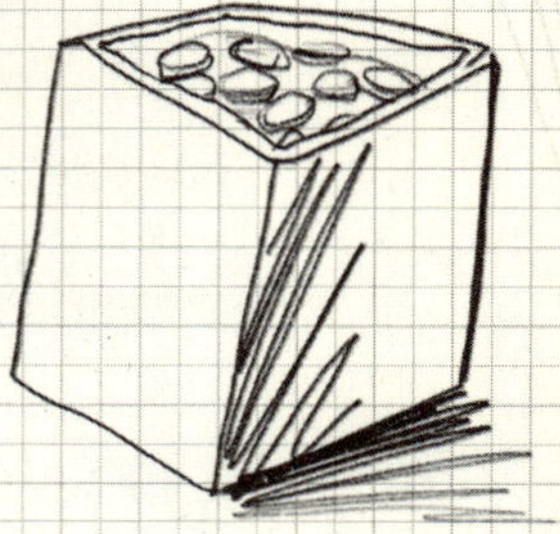

Ya da yumurtayı balık ağıyla yakalamayı deneyin. Veya arkadaşlarınızın tuttuğu büyük bir havluya atın!

Ne oluyor?

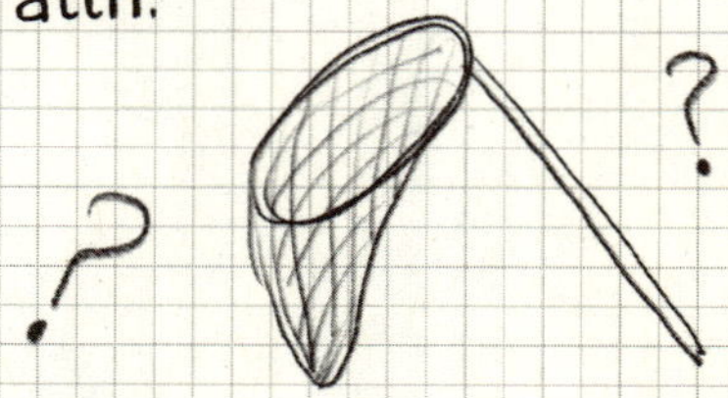

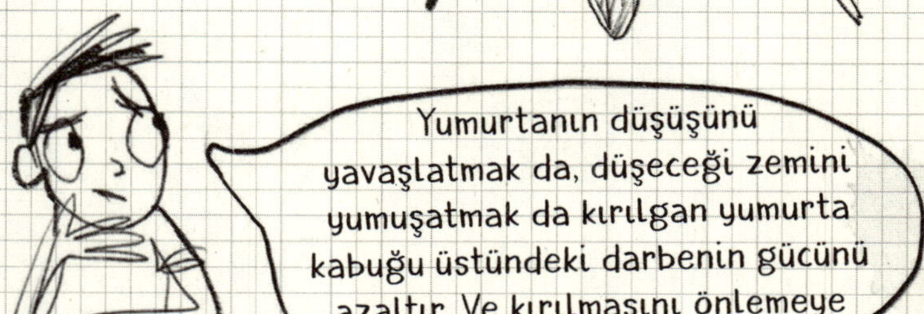

UYARI: GÜVENLİĞE DİKKAT EDİN! DENEY BOYUNCA YANINIZDA BİR YETİŞKİN BULUNSUN! BOL YUMURTALI DENEYLER ETRAFI HAYLİ DAĞITABİLİR!

Ali'nin yeni macerası için beklemede kalın!

BOL SULU DENEYLER

MÜTHİŞ DENEY TARİFİ:

Bir aile

MÜTHİŞ BİR FİKİR

Birkaç pipet

Bir kova

Yan komşunun iç çamaşırı

Bir kedi + çok ısınmış bir köpek

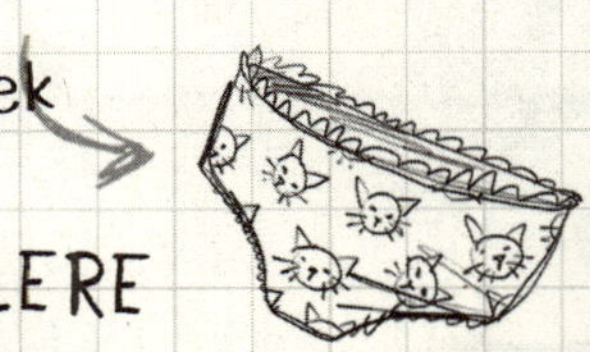

ŞİMDİ MALZEMELERE SU EKLEYİN!